Charles Lévêque

Les arts du dessin et la science

Le savoir
en poche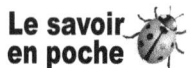

ISBN : 978-1546635468

10 9 8 7 6 5 4 3 2 1

Charles Lévêque

Les arts du dessin et la science

Le savoir
en poche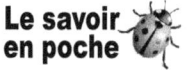

Table de Matières

Introduction

A mesure que l'esprit humain avance dans ses voies et agrandit le cercle de ses investigations, l'antique unité scientifique va se divisant de plus en plus en unités secondaires. Chaque science particulière, autrefois confondue avec d'autres ou même absolument inconnue, se fait jour peu à peu, et, sans se séparer de la racine maternelle qui lui fournit la sève nourricière, elle s'en écarte du moins et aspire à se développer librement. Ce travail n'est exempt ni d'épreuves difficiles ni d'efforts prolongés. Toute science nouvelle est tenue pour suspecte ; on la juge fausse, ou superflue, ou parasite ; elle rencontre peu d'amis et beaucoup d'adversaires. Néanmoins ceux qui l'aiment, non par égoïsme, mais par amour de la vérité, auraient tort de maudire les résistances qu'on leur oppose : s'ils s'égarent, il est bon qu'une critique vigilante les en avertisse ; s'ils vont droit, et si d'un certain côté le succès les encourage, des ennemis leur sont encore utiles pour les empêcher de s'arrêter en chemin et les obliger à produire tous les titres de la science qu'ils défendent.

Parmi les sciences de date relativement récente, la philosophie du beau et de l'art, qui est l'une des plus jeunes, n'a point échappé à la loi commune ; elle a eu, elle aussi, sa période de luttes et d'efforts. Grâce au talent et à l'influence des maîtres qui, il y a un demi-siècle, en furent dans notre pays, les promoteurs, et à cause de l'attrait particulier des problèmes qu'elle agite, l'esthétique a traversé d'un pas assez rapide la première époque de son développement. Elle semble à l'heure qu'il est avoir décidément conquis sa place au nombre des sciences philosophiques. La preuve en est que toutes les écoles actuelles ont ou veulent avoir, comme l'école spiritualiste, une théorie des beaux-arts : les hégéliens ont la leur, M. Taine a la sienne, qu'il enseigne dans ses leçons et qui est le fond permanent et systématique de ses nombreux écrits ; M. Littré appelle de tous ses vœux une esthétique positiviste. Mais si l'on s'accorde généralement à reconnaître qu'il y a une science du beau, sauf à différer quant au point de départ, aux principes et aux méthodes, on est très loin cependant de s'entendre sur l'efficacité des théories, c'est-à-dire sur la puissance qu'elles ont, selon quelques-uns, d'accélérer le progrès ou de ralentir la décadence des arts. On est tenté de ne voir dans ces sortes de spéculations que l'exercice d'une curiosité raffinée, qu'un luxe brillant, mais superflu, qu'une plante qui orne agréablement de ses fleurs le jardin de la science, et qui ne porte pas de fruits. Ceux-là mêmes qui ont fini par admettre les principes de l'esthétique spiritualiste n'accordent pas tous que ces principes aient plus ou moins secrètement gouverné le génie des grands artistes, et il en est qui nient qu'il existe aucune relation entre la métaphysique du beau et la pratique des arts. A les entendre, les esthéticiens ont raison d'entreprendre leurs recherches et de les poursuivre ; mais les métaphysiciens qui étudient l'essence du beau doivent se persuader que, tandis qu'ils marchent de leur côté, les artistes marchent aussi du leur, qui n'est pas le même, et qu'il n'y a entre eux ni rencontre nécessaire, ni influence réciproque. Bref, d'après ces écrivains, il y a bien une science de l'art ; mais l'art n'a que faire de cette science, et il n'en fait rien, parce que l'instinct la remplace et que le génie se suffit à lui-même.

Fière d'être rangée parmi les sciences, la philosophie du beau serait moins flattée d'être poliment exilée dans la noble sphère des hautes inutilités de l'intelligence. Elle ne pense pas avoir mérité un tel excès d'honneur, et il sera toujours temps pour elle de s'y résigner quand on lui aura démontré que ses pieds, trop éloignés de la terre, ne sauraient effleurer seulement le sol où les artistes élaborent leurs œuvres. Jusque-là, ceux qui sont convaincus qu'elle est appelée à jouer dans de certaines limites un rôle actif et bienfaisant doivent le dire et le prouver. C'est ce qu'avait essayé autrefois M. David Sutter, et c'est ce qu'il vient de tenter encore récemment dans un ouvrage intitulé *Esthétique générale et appliquée, contenant les règles de la composition dans les arts plastiques*. M. David Sutter connaît la philosophie du beau et l'histoire de l'art ; de plus il est peintre et il possède à fond la partie technologique des trois arts du dessin, il a même introduit dans l'enseignement de la perspective des innovations qui ont obtenu l'approbation des hommes compétents. Ainsi il va sans cesse de la pure théorie à la pratique, et il est en mesure de juger si l'une est séparée de l'autre par un abîme, ou si au contraire des relations profondes, essentielles, les unissent étroitement. Au moment où la critique s'alarme à juste titre de l'état d'affaiblissement et de la langueur croissante des arts plastiques, ce livre vient à propos ; mais le principal mérite de l'auteur est d'éveiller la réflexion sur la connexité des règles qui dirigent la main et des principes qui élèvent l'esprit. Là est le sérieux intérêt et comme la nouveauté de son travail. Aussi notre intention n'est-elle pas de le soumettre à une minutieuse analyse ; sans renoncer à en signaler chemin faisant certaines qualités et certains défauts, nous croyons qu'il convient surtout, à l'occasion de cet ouvrage, d'examiner les points importants du sujet, qui se résument dans cette double vérité, aujourd'hui contestée ou méconnue : 1° que la science théorique et la science pratique de son art sont nécessaires à l'homme de génie, et que mieux il les connaît, plus sa puissance est grande et sûre ; 2° que la science technique des arts du dessin a presque toujours sa raison et son fondement dans l'esthétique spéculative, dont elle n'est dans la plupart des cas que le prolongement.

Section I

On ne saurait se le dissimuler, il y a dans l'atmosphère de notre temps un souffle de fatalisme qui trouble des intelligences d'ailleurs très distinguées. Une certaine critique qui se pique d'observer la réalité, mais qui n'en observe que la moitié et peut-être moins encore, semble prendre à tâche d'abaisser l'âme humaine, de la découronner, en lui ôtant ses facultés les plus nobles et en la subordonnant à l'influence exclusive des forces physiques, chimiques et physiologiques. Frappée des énergies singulières et merveilleusement fécondes que déploie la nature matérielle, étudiée de nos jours avec autant de passion que de succès, cette critique s'exagère de bonne foi l'empire déjà si grand que les agents physiques exercent sur les institutions, sur les arts, sur la civilisation tout entière. Comme cette pente est rapide, elle y glisse et va jusqu'en bas. Dans notre constitution, dans notre organisme, l'animal est plus près que l'homme proprement dit des puissances physiologiques : l'homme sera donc avant tout un animal ; la belle jeune fille avec sa fraîcheur, son charme et, sa grâce sera le plus beau de tous les animaux. Ce qui distingue l'animal, c'est l'instinct ; dans l'homme-animal, l'instinct, avec ses tendances irrésistibles et ses spontanéités violentes, expliquera tout l'homme. Cet instinct, il le recevra de sa race ; le sol nourrira cette force organique, le climat réchauffera plus ou moins, les luttes de la vie l'exalteront. Parvenue à son plus haut degré de développement, cette force sera le génie : ses effets ou, comme on dit, ses produits seront les sciences et les arts. Si tel est le génie, qu'a-t-il besoin de règles, de traités théoriques, de manuels d'esthétique ? Sa règle est en lui, naît avec lui, et n'est que la loi secrète de sa vitalité interne. Il crée ses œuvres naturellement en vertu de cette vitalité mystérieuse et infaillible. Que la science constate et détermine la loi que suit cette force à ses diverses phases de travail et d'effort, à la bonne heure ; mais qu'elle espère la diriger, l'éclairer, la modifier, la contenir quand elle s'emporte, la ranimer quand elle languit, c'est la plus décevante des illusions. Tous les conseils de l'esthétique se réduisent aux deux prescriptions suivantes : — Êtes-vous jeune et plein de sève, laissez faire votre sève ; elle fructifiera d'elle-même. Êtes-vous vieux, décrépit, sans énergie et sans chaleur vitale, résignez-vous à la stérilité. Encore ces deux avis sont-ils inutiles, car la jeunesse du génie fleurira bien sans qu'on s'en mêle, et sa vieillesse aboutira, quoi qu'on fasse, à l'impuissance et à la mort.

On ne prétend pas que la doctrine dont il s'agit ici accepte toutes ces conséquences de son principe. On est même convaincu qu'elle les repousse ; mais la logique a, elle aussi, son déterminisme, et elle oblige bon gré, mal gré, ceux qui l'invoquent à outrance à subir la loi fatale qu'ils invoquent invariablement, et qu'ils déclinent en vain lorsqu'ils sont eux-mêmes en cause. Ils n'ont qu'un seul moyen d'échapper aux conclusions de leur système : c'est de reconnaître que le génie de l'artiste, à le considérer dans son essence psychologique, n'est nullement un instinct.

Qu'est-il donc ? La réponse à cette question n'est pas indifférente, puisque, ainsi qu'on vient de le voir, selon l'idée que l'on se forme du pouvoir créateur dans les arts, l'esthétique est ou n'est pas. Sans hasarder une de ces définitions qui n'apprennent pas grand'chose ; et sur lesquelles on discute indéfiniment, nous pouvons du moins distinguer le génie de l'instinct en indiquant les caractères absolument opposés qu'ils affectent dans leur façon d'agir ou de produire. Il eût été souhaitable que M. Sutter fît cette comparaison, omise par une esthétique à laquelle il veut bien s'en référer d'ordinaire et qu'il était en droit de blâmer de cet oubli. Peut-être a-t-il reculé devant une opération d'analyse psychologique, ou n'a-t-il pas mesuré toute la gravité d'une confusion contre laquelle son livre ne proteste qu'implicitement. Quoi qu'il, en soit, l'observation établit rigoureusement que l'instinct est une force infaillible dès le premier jour, mais aveugle et enchaînée dans un cercle d'actions régulières et identiques d'où il lui est interdit de sortir jamais, tandis que le génie est une puissance d'abord incomplète, mais intelligente, libre et essentiellement faite pour la lumière, l'instruction et le progrès. Le jour où son instinct porte la jeune hirondelle à construire son nid, elle le bâtit, sans leçons et sans maître, d'après un modèle qu'elle copie avec une habileté innée, exempte d'hésitation et de tâtonnement. Dès qu'elle s'éveille, cette faculté merveilleuse est achevée, parfaite ; mais en même temps, selon la belle remarque de Pascal, cette mystérieuse puissance est incapable du plus petit progrès dans l'individu comme dans l'espèce, et les nids d'hirondelles suspendus à nos toitures sont exactement pareils à ceux qui s'attachaient aux rochers du paradis terrestre. Chez l'homme, le pur instinct est non moins infaillible et non moins invariable. L'enfant naissant d'un philosophe du XIXe siècle ne tète le sein de sa nourrice ni autrement ni mieux que le premier-né d'Adam et d'Eve, et le plus savant physiologiste d'aujourd'hui, qu'il le veuille ou non, exécute, pour avaler ses aliments, les mêmes mouvements, ni plus ni moins, qu'un sauvage de l'Océanie. Voilà l'instinct véritable, et le seul qui mérite ce nom. Il a sa grandeur, car, aussitôt qu'il naît, il existe dans sa plénitude et atteint la perfection de son œuvre ; il a sa misère, car il est dans une radicale impuissance de rien ajouter à son premier fonds.

Pour être conséquents, ceux qui assimilent le génie à l'instinct sont tenus d'ajouter que l'abeille, le castor et l'hirondelle sont des architectes de génie au même titre qu'Ictinus, Michel-Ange et Philibert Delorme, que l'oiseau qui couve et fait éclore ses petits a le génie de la plastique, et que le rossignol qui module sa chanson amoureuse a le génie de la musique. Ira-t-on jusque-là ? Je n'ose répondre que non ; mais alors il faudra pousser plus loin encore : il faudra dire que le génie, en tout identique à l'instinct, crée, dès qu'il entre en action, des œuvres accomplies, que les premiers essais de sa jeunesse et même de son enfance sont la perfection même, que durant le cours entier de sa vie, quelque longue qu'elle soit, il se répète exactement lui-même et ne se surpasse jamais, que les exemples des maîtres et leurs leçons n'ont rien à lui apprendre, qu'enfin le plus sage parti comme le plus sûr est pour l'artiste d'obéir docilement aux heureuses fatalités de sa nature, ainsi que font les abeilles, les hirondelles et les castors.

Là-dessus, on se récrie ; on trouve que ces propositions sont inadmissibles, et l'on a raison. Que l'on cesse alors de transformer l'homme, et, qui pis est, l'homme de génie, en un pur animal, ou même en une plante qui végète : qu'on laisse la liberté et l'intelligence reprendre et exercer leurs droits, qu'on les laisse se tromper, tâtonner, souffrir, gémir, puisque ce sont là les conditions de leur existence ; mais qu'on avoue qu'elles disposent de leur destinée et qu'elles sont les maîtresses de leur progrès, puisque c'est là leur privilège et leur noblesse. On objectera, nous devons le prévoir, que l'artiste n'est pas seulement intelligence et liberté, et qu'il y a en lui, outre ces deux grandes facultés, des innéités secrètes et singulières qui le caractérisent et sont les sources de sa fécondité. Nous ne songeons pas à le nier. Il est évident que Phidias était né sculpteur, Raphaël peintre, Mozart musicien. La vocation est un fait incontestable : elle se compose d'une somme d'aptitudes très particulières et éminentes dont les unes sont physiologiques, les autres morales,

Charles Lévêque

d'autres intellectuelles. Ces aptitudes sont soumises jusqu'à un certain point aux influences du climat, du tempérament, des institutions, des circonstances religieuses, politiques et sociales ; mais ce qui distingue profondément ces aptitudes de la force instinctive, c'est qu'elles sont des aptitudes, c'est-à-dire de simples dispositions que l'éducation développe, que le travail fortifie, que la libre volonté de celui qui les a reçues gouverne, maîtrise, redresse et porte à leur plus haut degré de puissance. Ces aptitudes, nul ne les donne, nul non plus ne les reçoit de la nature achevées et parfaites ; elles ne grandissent que grâce à un effort continuel de cette volonté à laquelle au contraire l'instinct échappe et se dérobe. S'il y a jamais eu sur la terre un artiste qui ait possédé ce qu'on nomme excellemment le don, c'est Mozart ; à peine âgé de six ans, déjà il était créateur. Cependant comparez les *sonatines* du petit Wolfgang avec le *Don Juan* de Mozart parvenu à la pleine maturité du génie ; mesurez la distance qui sépare ces œuvres, et dites si sans travail, sans études, sans leçons, sans lectures attentives des maîtres antérieurs, surtout sans idées et sans volonté, cette distance eût jamais été franchie ! Qu'on lise sa vie et ce qui nous est resté de sa correspondance, on verra que, loin de s'en fier exclusivement à son instinct, il travaillait sans cesse, non pas seulement en *mécanicien* (il appelait ainsi ceux qui n'ont que des doigts), non pas seulement en virtuose, — car un virtuose en musique est celui qui se borne à jouer les airs composés par d'autres, — mais en homme qui cherche la science théorique et pratique de son art, qui tantôt apprend cette science et tantôt la découvre, et qui enfin y subordonne son génie.

Qu'au lieu d'envisager la biographie d'un artiste pris isolément, On considère l'ensemble des artistes d'une nation : la même marche se dessinera dans une plus longue durée, le même résultat se produira dans de plus vastes proportions. C'est un fait remarquable que moins les peuples sont civilisés, que plus ils sont voisins encore de l'époque de leur vie où l'instinct est prédominant, où le climat les subjugue et le tempérament les emporte, plus aussi leurs penchants en fait d'art sont grossiers et faciles à satisfaire. Ce qui leur manque alors, ce n'est pourtant ni la sève bouillante, ni la chaleur du sang, ni la vigueur musculaire, ni la fougue sauvage des passions aveugles. D'autre part, aucun fâcheux manuel d'esthétique, aucune malencontreuse théorie de l'idéal n'est encore venue les fasciner, fausser la spontanéité de leurs élans et égarer leur muse dans des sentiers systématiques ou convenus. Or on sait quels chefs-d'œuvre enfante presque invariablement cette muse aux instincts puissants : en peinture, ce sont des ébauches informes, dignes de rivaliser avec les croquis que nos écoliers hasardent sur les murs ; en sculpture, des magots très inférieurs aux plus modestes jouets de la foire ; en musique, des cris discordants ou des bruits abominables. Quant à la beauté humaine, les peuplades où elle existe à quelque degré prennent soin de la corriger en perçant les narines, en déchirant les lèvres et en effaçant les traits du visage sous les enluminures insensées du tatouage.

Les nations les mieux douées, celles qui plus tard excellent à revêtir la pensée de formes admirables, ont, il est vrai, de ces rudes commencements. Toutefois, à mesure que, s'élevant au-dessus de la nature animale, elles s'éloignent de l'existence sauvage ou barbare, à mesure que leurs aptitudes esthétiques croissent et se déploient, leurs artistes, sollicités par d'intimes affinités, se rapprochent graduellement de la science, et le jour vient où ils s'unissent définitivement avec elle. Cette union, aux époques florissantes, n'est pour l'art ni une défaite ni une absorption ; c'est plutôt un heureux mariage où chacun apporte ses richesses et ses forces : l'amour, l'inspiration, l'enthousiasme, le don de découvrir et de réaliser la forme composant la dot de l'art, — la lumière, l'idée, la règle, la discipline, représentent celle de la science, et l'art, du droit de sa puissance créatrice, prend et garde la prééminence, l'autorité, en un mot le rôle de chef de la communauté. La netteté de la pensée, les conceptions rationnelles, l'ordre, la mesure, les secrets et les utiles inventions d'une technique ingénieuse, voilà ce que l'art demande à la compagne qu'il a librement choisie. Celle-ci de son côté, discrète et réservée comme il convient à une amie intelligente et sage, s'efface, s'abstient de paraître et de régenter, se contente d'exercer une bienfaisante influence qui ne se trahit que par la perfection exquise de l'œuvre commune. S'il lui est permis quelquefois d'intervenir plus activement et de se faire la part plus grande, ce n'est que lorsque son allié, affaibli par l'âge et épuisé de travaux, réclame un surcroît de conseils et de secours. Encore enfant, il s'est aisément passé d'elle : aussi bien alors il ne l'eût ni appréciée, ni comprise ; jeune et fort, il n'a produit des œuvres viriles qu'à la condition de la dominer, tout en l'écoutant. Au déclin de sa carrière, il doit encore être lui-même, tant qu'il garde un reste d'énergie ; mais à ce moment sa compagne lui est indispensable, et, s'il s'en sépare, il est perdu.

Dans ce qui vient d'être dit, il ne faudrait pas voir un tableau de pure fantaisie. Ce n'est là que l'histoire abrégée, mais fidèle, les rapports de l'art et de la science aux époques sur lesquelles la postérité est en état de porter un jugement. En cherchant avec soin, quelle était la valeur

Charles Lévêque

intellectuelle des artistes grecs,[1] on s'assure que cette valeur était grande, et l'on apprend qu'il y avait parmi eux des penseurs, des philosophes, des poètes, des géomètres, des écrivains. Un génie sévère, qui n'admire qu'à bonnes enseignes et qui n'est pas suspect d'indulgence à l'égard des artistes, a marqué fortement la différence que, dans son temps, l'opinion mettait entre les créateurs d'œuvres originales et les simples artisans. « La connaissance et l'intelligence, suivant l'opinion commune, a dit Aristote, sont plutôt le partage de l'art que de l'expérience, et les hommes d'art passent pour être plus sages que les hommes d'expérience, car la sagesse chez tous les hommes est en raison du savoir. Et c'est parce que les uns connaissent la cause et que les autres l'ignorent. En effet, les hommes d'expérience savent bien que telle chose est, mais ils ne savent pas pourquoi elle est ; les hommes d'art au contraire connaissent le pourquoi, la cause. Aussi bien pensons-nous que les chefs des ouvriers, de quelque travail qu'il s'agisse, ont plus de droits à nos respects que les manœuvres, parce que ceux-ci ressemblent à ces êtres inanimés qui agissent, mais sans connaissance de leur action, au feu, par exemple, qui brûle sans le savoir. » Ainsi l'esprit grec jugeait que les grands artistes ou plutôt tous les artistes dignes de porter ce nom possédaient la science de leur art, et même quelque chose de la métaphysique elle-même, et c'est l'auteur de la *Métaphysique* qui enregistre et consacre cette opinion. De leur côté, les artistes souscrivaient à ce jugement, témoin ce passage d'un livre perdu de l'architecte Pytheus, qui vivait au IVe siècle avant Jésus-Christ : « L'architecte doit pouvoir exceller dans tous les arts et dans toutes les sciences. » Il répugnait à ces fortes et libres intelligences de se cantonner timidement dans un petit recoin du domaine des arts au risque d'y étouffer. Il leur fallait l'air pur, l'espace illimité, les vastes horizons du ciel de la pensée. Léonard de Vinci, Raphaël, Michel-Ange, étaient du même avis, parce qu'ils étaient de la même noble race, sinon du même pays. Ceux-ci, comme leurs ancêtres grecs, croyaient à la beauté idéale, à la nécessité de la concevoir par la raison et de la chercher dans le monde invisible, lorsque la visible réalité leur en refusait le modèle. Comme leurs ancêtres grecs, ils ajoutaient les conseils d'une science profonde, exacte et variée aux inspirations de leur génie, et se gardaient de placer en leur instinct toute leur confiance. Ouvriers admirables, ils savaient obéir à des règles techniques et fonder celles-ci sur des principes de

---

1 Cette recherche vient d'être faite par M. H. Bazin, ancien membre de l'École française d'Athènes, dans son savant livre intitulé *De la condition des artistes dans l'antiquité grecque.*

haute théorie. C'est ce que prouvent leurs ouvrages, leurs écrits, leurs discours, les fragments de leur correspondance. L'impulsion qu'ils ont donnée aux arts plastiques a démontré qu'ils avaient eu raison. L'étroite liaison qui existe entre l'esthétique spéculative et la partie technique des arts du dessin ne le prouve pas moins.

Section II

Lorsque dans un salon un philosophe essaie une définition du beau ou du sublime, et que tout près de lui un savant discute une question de perspective linéaire ou expose les lois de la réfraction des rayons solaires, au premier aspect on ne devine guère ce qu'il y a de commun entre le propos de l'un et celui de l'autre, et on ne prévoit pas que les idées du premier puissent rejoindre quelque part les connaissances géométriques et expérimentales du second. Ils se rencontreront cependant à coup sûr, pourvu qu'ils continuent leur route. Le livre de M. Sutter marque très bien l'endroit où s'opérera infailliblement la jonction ; mais on regrette de n'y pas trouver plus clairement indiquées les raisons esthétiques qui rendent cette jonction naturelle, logique et inévitable. Ces raisons en effet ne sautent pas aux yeux du premier venu, et tant qu'elles n'auront pas été mises en évidence, les intimes rapports de l'art et de la science, les liens étroits de la théorie spéculative et de la pratique seront contestés ou niés.

Il faut donc essayer de démêler ces raisons. Par exemple, l'emploi que fait le peintre des ressources de la perspective linéaire et aérienne est-il indépendant de l'idée plus ou moins confuse qu'il s'est formée du but de son art et de l'essence de la beauté ? Dira-t-on qu'il faut mettre un tableau en perspective parce que c'est la règle ? Soit ; mais pourquoi est-ce la règle ? Si le peintre ignore ce pourquoi, ce n'est pas un artiste, ce n'est qu'un manœuvre. Or, comme il a la juste ambition d'être un artiste, il doit le savoir. Il le saura dès qu'il sera en état de prouver qu'avec l'usage de la perspective on obtient un tableau ou plus vrai ou plus beau. Et prouver cela, c'est raisonner sur le vrai et sur le beau, c'est penser, c'est philosopher ; tranchons le mot, c'est recourir à l'esthétique. Nous accordons que les maîtres découvrent eux-mêmes leur esthétique ; mais quand on n'est pas de cette force, il n'y a aucune honte à s'instruire auprès de ceux qui savent, et il y aurait imprudence à ne pas y consentir.

Aussi la plupart des peintres ont-ils une théorie esthétique, où qu'ils la prennent ; mais il ne suffit pas d'en adopter une, il importe encore de la bien choisir. Il y a telle définition de l'art qui, prise à la lettre, entraînerait et a quelquefois entraîné la plus étrange comme la plus fâcheuse violation des lois élémentaires de la perspective. Qu'un peintre se dise de bonne foi que le but de son art est de copier littéralement la nature, — en d'autres termes, qu'il soit réaliste et en même temps capable de suivre jusqu'au bout la logique de son système, qu'arrivera-t-il ? Dans son ardeur consciencieuse à copier les objets tels qu'ils sont, il dédaignera infailliblement la perspective qui les donne non pas tels qu'ils sont, mais tels seulement qu'ils apparaissent selon la distance à laquelle ils sont placés par rapport au spectateur. Qu'on me comprenne bien. De la fenêtre près de laquelle j'écris, j'aperçois le dôme des Invalides, qui est à deux kilomètres de ma maison, et à cette distance il paraît n'avoir que vingt-cinq centimètres de hauteur. Si je veux le peindre du lieu où je suis et que j'aie le fanatisme et la logique du réalisme, je représenterai non cette petite apparence que voilà, mais le dôme, le vrai dôme tel qu'il est, avec sa grandeur réelle. Les réalistes n'ont pas cette audace, je le sais, parce que leur bon sens résiste à leur principe. Cependant il s'est trouvé en France un peintre de talent, doué d'une rare intelligence, qui, sans s'égarer jusque-là, est tombé dans un excès dont les critiques sérieux ont su garder mémoire. Charles de la Berge, dont il existe au Louvre un tableau, et dont je connais trois autres ouvrages très remarquables, s'était imaginé que le comble de l'art du peintre consiste à transporter sur la toile les détails les plus minutieux de chaque objet, tels que la vue les constate et les compte quand on les regarde de près. Un seul trait caractérisera suffisamment son procédé : voulait-il reproduire l'image d'une maison, il prenait une échelle, montait sur le toit et faisait une miniature rigoureusement fidèle de chaque tuile, de chaque planche, de chaque moisissure. La perspective linéaire ne souffrait pas de ce mode d'exécution, parce qu'elle était d'avance établie ; mais que devenait la perspective aérienne ? Où étaient les contours indécis, les formes fuyantes, les teintes vagues des plans éloignés ? Et à quoi servaient tous ces riens que le spectateur n'aperçoit pas du vrai point de vue, et qui en tout cas ne l'intéressent nullement ? L'effet général n'était pas toujours compromis, grâce à la prodigieuse habileté de l'artiste ; mais que de peines inutiles et que d'efforts perdus ! Les réalistes d'aujourd'hui abandonnent à la photographie ces miracles d'exactitude. Cependant ils n'évitent pas toujours le piège caché au fond de leur système. On a noté au dernier Salon, dans un tableau d'ailleurs très distingué, certain rocher trop bien peint sans doute, puisqu'au lieu de reculer comme l'exigeait la perspective, il semblait se porter hardiment vers le premier plan. Il est vrai que cette toile était de la main du chef de l'école, et que le maître daigne de temps en temps révéler au public toute la portée de sa doctrine.

Est-ce à dire que les lois de la perspective soient sacrées et que le peintre les doive respecter, advienne que pourra ? Point du tout. Au-dessus de la règle qui prescrit de les observer généralement, il y a une autre règle qui ordonne de les violer quelquefois. Au nom de quel principe posera-t-on cette seconde règle ? Sera-ce au nom de la vérité réaliste ? On vient de montrer qu'un réalisme conséquent devrait fouler aux pieds la perspective linéaire aussi bien que la perspective aérienne, et qu'il ne s'en abstient pas toujours. Sera-ce au nom du principe de la vérité apparente ? L'appareil photographique, qui tient un compte mathématiquement rigoureux de la perspective linéaire, et qui reproduit imperturbablement la vérité apparente, fournit des images qu'aucun peintre ne se résignerait à copier sans modification. Que le modèle ait le malheur de mettre sa main sur son genou porté en avant, ou d'étendre un peu la jambe, aussitôt la lumière se joue en monstruosités géométriques tout à fait inaccep-tables. A qui donc s'adressera l'artiste qui désire savoir dans quelles limites il lui est permis ou commandé de violer les règles de la pers-pective ?

Interrogez-le : il vous répondra lui-même et sans hésitation. S'il cache soigneusement les pieds du modèle, ou s'il les place de côté, s'il applique les mains contre le corps ou s'il les détourne, c'est que l'image de ces pieds et de ces mains serait, sur l'épreuve, trop grosse, hors de proportion avec la tête et conséquemment laide. En un mot, le photographe viole les lois de la perspective au nom de la beauté. De même le peintre de portraits, qui, au lieu d'imiter l'appareil pho-tographique et de reproduire scrupuleusement tous les effets de la perspective, met dans une exacte proportion la tête, le tronc et les extrémités, quoique placés à des plans divers, de la personne qui pose devant lui, ce peintre, lui aussi, élève en sûreté de conscience les droits de l'esthétique et de la beauté au-dessus des droits de la perspective et de la géométrie.

Ainsi la perspective est quelquefois défavorable à la beauté, ou, si l'on veut, à la belle vérité, ce qui est la même chose. Cependant il n'y a pas en peinture de belle vérité sans perspective. Privée des res-sources de la perspective, la peinture n'a plus à sa disposition que deux des dimensions de l'étendue, la longueur et la largeur, et elle est réduite à ne plus représenter que des silhouettes. Avec la perspective, elle prend possession de l'espace, y modèle les corps, y multiplie les plans et les aspects, y répand les formes mille fois variées de l'être, de l'âme, de la vie, et les ordonne selon les rapports de la plus riche harmonie. C'est là un éclatant exemple des services que la science positive peut rendre aux beaux-arts ; mais quiconque veut se servir de la perspective autrement que ne le fait une machine, quiconque veut en raisonner l'emploi, le justifier, le défendre au besoin, et au besoin aussi le contenir dans ses justes limites, est obligé de recourir à des raisons spéculatives et philosophiques. C'est là une preuve du rôle actif que joue la science esthétique dans les applications des sciences positives aux arts du dessin.

Les réflexions précédentes s'appliquent en partie à l'emploi du clair-obscur et du coloris, qui sont des éléments essentiels de la perspective aérienne. La couleur a en outre une puissance propre de séduction et d'expression. A ce second point de vue, l'habileté à s'en servir est souvent considérée comme un instinct, ou, selon la formule nouvelle, comme un pur effet du tempérament, de la constitution personnelle de l'artiste, secondée et même guidée par des conditions atmosphériques déterminées. Cette habileté étant un don que la nature accorde ou refuse à son gré, le peintre, en tant que coloriste, a son tempérament pour maître, dit-on ; il n'a que faire d'écouter les physiciens, et les philosophes n'ont à lui proposer que de vagues pensées sans efficacité.

Bien que cette opinion perde chaque jour de sa force, bien que ceux qui la jettent un peu au hasard dans la conversation et dans les livres en blâment volontiers l'exagération, il est utile de l'examiner précisément parce que, jusqu'à un certain point, elle est vraie. L'ignorance seule oserait nier que les peintres coloristes naissent doués d'une faculté très spéciale qui saisit, retient, reproduit et idéalise parfois les phénomènes variés de la lumière colorée. Ce sens exquis ressemble d'autant plus à un don inné qu'il est plus rare et qu'il présente au plus haut degré les caractères d'une puissance spontanément créatrice. Il a produit des chefs-d'œuvre, enfanté des merveilles, mais à quelles dates, en quel nombre, à quel prix ? Ce que nous savons de l'histoire de la peinture grecque ne prouve guère qu'elle soit parvenue de prime saut à la beauté du coloris, et pourtant quel peuple fut jamais plus que le peuple grec sensible aux charmes de la lumière et de la couleur ? Sur la scène antique, ce que les mourants regrettent par-dessus tout, c'est la douce lumière du jour. Dans l'enfer grec, le châtiment des méchants est d'être plongés dans les ténèbres ; le bonheur des justes consiste à se sentir inondés d'un éther lumineux qui, semblable à un vêtement, les enveloppe de son pur éclat.

……….. Et lumine vestit

Purpureo.

Le vieil Homère est déjà un coloriste incomparable. Une couleur, un ton, une nuance lui est un moyen sûr de représenter au vif les moments de la journée, les mouvements de la mer, les beautés caractéristiques d'un héros ou d'un dieu. Le voyageur tant soit peu artiste qui parcourt au pas de son cheval les plaines de l'Attique ou qui glisse sur les eaux bleues du golfe de Salamine goûte, rien qu'à regarder les jeux de la lumière et de l'ombre, d'exquises jouissances. Les plus distraits se surprennent à contempler dans une sorte d'extase ces ravissants spectacles ; les plus indifférents, les plus sceptiques même ont eu la franchise de n'en pas méconnaître l'irrésistible attrait. Si la nature et le climat avaient la vertu que certains théoriciens leur attribuent, la peinture aurait dû naître un jour en ces lieux d'un rayon du soleil tombé sur cette terre, et y naître adulte et tout armée des ressources et des instruments de son art. Eh bien ! non, dans cet Éden de la lumière, la peinture est née petit enfant ; elle n'a grandi que lentement, de siècle en siècle. Sa palette, pauvre d'abord ou plutôt presque vide, ne s'est couverte et enrichie que peu à peu ; comme ailleurs, elle a tâtonné, cherché, travaillé ; enfin elle est arrivée à la science, puis à la pensée, et c'est seulement du jour où elle a accepté sans dédain l'alliance que lui offrait la réflexion philosophique, qu'elle a participé à la gloire de la sculpture, sa sœur. La croissance de la peinture moderne considérée comme art du coloris n'a été ni plus rapide, ni moins laborieuse, ni plus indépendante des sciences positives et du progrès philosophique de l'idée. C'est que la lumière, cette institutrice du peintre, ne procède pas à la façon des maîtres humains ; elle fournit des indications, mais elle ne donne pas de préceptes ; elle agit devant l'artiste et semble se borner à lui dire : Comprenez-moi. Elle accomplit son œuvre selon des lois constantes ; mais, en artiste consommé et en fille digne de celui qui l'a créée, elle cache ses lois, voile sa méthode, et garde son secret ou ne le livre qu'à l'esprit qui a l'audace de le lui ravir. L'artiste qui y réussit est par cela seul un savant en même temps qu'un artiste. Il y a eu de tels hommes ; à la vérité, c'est le petit nombre. Les autres, pour être coloristes, je ne dis pas excellents, mais seulement supportables, sont condamnés à puiser la science qui leur manque dans les livres des physiciens, ou à la recevoir de leur bouche.

Ici se présente une série d'enseignements et de démonstrations de la plus haute importance. M. Sutter les a exposés en professeur qui sait ce qu'il dit et à qui il s'adresse. Peut-être la partie technique de son ouvrage est-elle trop concise. On le suit cependant sans trop d'efforts, et quand on a lu ces brèves et substantielles leçons d'optique appliquée à la peinture, on se demande comment un artiste pourrait impunément ignorer ces choses de science qui touchent de si près le fond intime des choses de l'art. Puis à cette question en succède bientôt une autre : la science de l'optique et du coloris, si nécessaire au peintre, est-elle donc uniquement physique et chimique ? L'esthétique n'est-elle point appelée à la compléter ? Les arts ont leur orthographe ; mais ils ont aussi leur poétique. Le peintre qui connaît et suit l'orthographe de son art sans aller au-delà n'est pas plus un artiste que l'honnête maître d'école, n'est un écrivain parce que la grammaire n'a jamais à se plaindre de lui. De la correction irréprochable au style et à la beauté, la distance est si grande que la médiocrité est impuissante à la franchir. Or la physique n'enseigne au peintre que l'orthographe de la couleur. Décrivant et interprétant la marche silencieuse de la nature, saisissant et exprimant en formules les lois cachées sous les phénomènes, elle dit comment se propage la lumière, comment les rayons se brisent ou se réfractent inégalement en passant d'un milieu plus rare dans un milieu plus dense ; elle constate qu'il y a sept espèces de rayons élémentaires et par conséquent sept couleurs primitives, le violet, l'indigo, le bleu, le vert, le jaune, l'orange et le rouge ; elle ajoute que les rayons violets sont ceux qui se réfractent le plus, tandis que les rayons rouges sont ceux qui résistent le plus fortement à la réfraction ; elle révèle à l'élève la curieuse théorie des opposants harmonieux ou couleurs complémentaires, c'est-à-dire la propriété qu'ont certains rayons de reproduire la lumière blanche lorsqu'ils sont réunis deux à deux. De tout cela elle tire des préceptes importants relatifs à la coloration des ombres, à la distribution de la lumière et à la façon dont il convient de l'introduire dans un tableau et de l'en faire sortir. Grâce à ces enseignements variés, les peintres ont aujourd'hui sur leurs devanciers le précieux avantage d'apprendre en peu de jours ce qu'à une autre époque on était obligé de découvrir soi-même, quand on en était capable. Dans ces dernières années, la science physique a rendu aux peintres d'autres services encore. Elle les a par exemple avertis qu'ils seraient dupes d'une grave erreur, s'ils se flattaient d'égaler, au moyen des couleurs de leur palette, l'intensité de la lumière naturelle. Elle leur a appris ici, dans la *Revue*,[2] que « quand on étudie successivement les coups de soleil dans les tableaux et qu'on récapitule ensuite les valeurs du rapport cherché, on voit qu'elles sont comprises généralement entre 2 et 4, c'est-à-dire que la puissance du soleil y est plus petite que dans les paysages vrais et qu'elle se trouve diminuée de 80 pour 100. » Plus récemment, une remarquable conférence de M. Niklès, chimiste distingué, a signalé la propriété inhérente à la lumière produite par la combustion du magnésium, de faire éclater les diverses couleurs tant naturelles qu'artificielles avec les mêmes nuances qu'elles présentent au grand jour ; de son côté, M. Chevreul avait déjà reconnu que la lumière électrique a la même propriété. Il est donc évident que l'art du peintre a beaucoup à gagner et qu'il gagnera davantage encore dans l'avenir en s'unissant fraternellement avec les sciences positives.

Toutefois il est des secrets que ni la nature matérielle ni les sciences qui l'étudient ne dévoileront jamais à l'artiste. Il est tels conseils qu'il ne doit demander qu'à sa propre raison ou à certaines sciences morales qui aident sa raison à parler plus clairement et plus haut. Prenons, entre autres, cette question très simple en apparence : sur quel point de son tableau faut-il que le peintre dirige et accumule la lumière ? La réponse est-elle fournie par la nature physique elle-même ? N'en croyons rien. — Assurément la nature arrive sans cesse à la parfaite beauté : pour qui sait la regarder et la comprendre, elle est admirable ; mais elle se comporte autrement que l'artiste et vise à d'autres fins que lui. Dans son indifférence souveraine ou plutôt dans sa bienveillance universelle, elle répand tour à tour sur chacun des êtres de la terre, sur chacune des scènes de la vie humaine la splendeur magique de ses rayons. La brillante lumière du ciel descend aussi bien sur un tas d'ordures informe et infect d'où le passant s'éloigne avec dégoût que sur les fleurs des jardins et sur les moissons des champs ; elle jette son manteau d'or sur le misérable ivre-mort qui gît au coin de la borne. Au moment où mes yeux et mon esprit se donnent une fête au spectacle d'un beau site, tout à coup un nuage obscurcit la partie principale du tableau, et une clarté intempestive et criarde s'abat sur les recoins insignifiants de cette scène dont l'aspect est ainsi détruit. Les difficultés du problème sont directement insolubles quand on traite un sujet historique. Il serait ridicule de conseiller à un peintre de s'adresser à la nature pour savoir quelle sorte de lumière éclairait le visage du jeune Salomon lorsqu'il pro-

---

2 Voyez, dans la *Revue* du 1ᵉʳ février 1857, le remarquable travail de M. Jamin sur *l'Optique et la Peinture*.

Charles Lévêque

nonça son jugement. A la sainte *Cène*, la face de Judas était peut-être aussi lumineuse que le corps de l'*Antiope* du Corrège, et le visage de Jésus était peut-être voilé d'une ombre. Léonard de Vinci n'en savait rien, et, l'eût-il su, il aurait désobéi à l'histoire, si la vérité historique eût contredit le jugement de son esprit. Ainsi donc ce n'est pas la nature qui répond comme un manuel ou un formulaire à la question que nous avons posée. Cent fois pour une, en la prenant au mot, on manquerait le but.

Tout change lorsqu'au lieu de répéter la nature avec la servilité de l'écho, on l'interprète en se plaçant, non plus au point de vue de l'imitation, mais à celui de l'expression. Dès que l'artiste se propose d'arriver à la beauté pittoresque au lieu de s'en tenir à une réalité quelconque, dès qu'il aspire à représenter une éclatante manifestation de la vie ou de l'âme, il ne tarde pas à remarquer un phénomène d'une grande importance esthétique. Ce fait, c'est que, si la lumière se répand sur tous les objets avec une suprême indifférence, cependant aussitôt qu'elle a touché une pierre, un arbre, un animal, l'être sur lequel elle est tombée semble exister, végéter, palpiter cent fois plus qu'à l'heure où l'ombre l'enveloppait. En son absence, tout est comme mort ou endormi ; elle paraît, tout ressuscité et s'éveille. De là une loi que la science esthétique pourrait légitimement énoncer en ces termes : la puissance apparente de la force ou de la vie physique ou morale est en raison directe de l'intensité de la lumière accumulée sur la forme qui exprime cette force ou cette vie. Cette loi une fois trouvée, notre problème est résolu, et à cette question : sur quel point de son tableau faut-il que le peintre dirige la lumière ? on répond : sur le point où il désire rendre éclatante l'expression de l'être ou de la vie. Rien de plus simple, dira-t-on, tous les maîtres ont deviné cela. Il est vrai ; mais il y a des gens qui n'ont rien deviné, qui oublient ce qu'a deviné le génie, et à qui la philosophie est obligée de démontrer ce qui était évident aux yeux des maîtres.

Par les fautes qu'ils commettent, par les exagérations où ils tombent, les artistes les mieux doués mettent de plus en plus hors de doute la nécessité d'introduire dans l'enseignement de la peinture et d'y établir théoriquement tout ce qui est susceptible d'être fondé sur des raisons scientifiques et philosophiques. Les artistes qui ont un don particulier, une faculté spéciale et saillante, s'égarent avec une déplorable facilité. Un succès éclatant remporté au début de la carrière, l'attention du public soudainement captivée, les espérances et l'approbation des connaisseurs hautement exprimées, les éloges de la critique lasse de blâmer et avide de rencontrer enfin quelque juste sujet d'admiration, enivrent et surexcitent le talent trop peu maître encore de lui-même, et, au lieu de le tenir en équilibre en le dirigeant, le font tomber bientôt du côté où il penche. Le nouveau-venu promet-il d'être un coloriste, a-t-il, comme on dit, une *note* heureuse et brillante, aussitôt c'est à qui vantera la puissance de son tempérament pittoresque. On parle de génie, on crie miracle. Au bout de peu d'années, la tête tourne au jeune artiste : il met partout sa fameuse note, il y sacrifie insensiblement la correction du dessin et le souci de la composition, et finit par déconcerter ses partisans, qui se changent, trop tôt peut-être, en adversaires. A qui persuadera-t-on que ce peintre a été suffisamment instruit et guidé par son tempérament ? A qui fera-t-on croire qu'une connaissance plus profonde et plus raisonnée des lois qui régissent l'emploi de la couleur ne l'eût pas préservé d'un pareil abus de ses aptitudes naturelles ?

Il existe en effet de telles lois qui déterminent l'usage non-seulement de la lumière en général, mais encore jusqu'à un certain point de telle ou telle couleur particulière dans un cas donné. Sans doute les couleurs naturelles, du moins les couleurs primitives, sont belles par elles-mêmes avant toute application pittoresque ; elles sont déjà belles sur la palette du peintre comme sur les zones de l'arc-en-ciel : nous l'avouons aujourd'hui franchement après l'avoir autrefois nié ; mais dans le ciel ou sur le spectre solaire les couleurs primitives ne sont belles qu'en tant qu'elles manifestent vivement la puissante énergie d'un des agents les plus merveilleux du monde physique. Or exprimer cette puissance, quelque séduisants qu'en soient les effets, n'est pas le but unique de la peinture. Transportée du ciel sur la terre, de la palette sur un tableau, la couleur n'est plus une fin, c'est un moyen, et le moyen ne doit ni prendre la place, ni usurper l'importance du but poursuivi. Et parler ce langage, c'est rentrer dans l'ordre des considérations purement esthétiques.

Il y a plus encore. M. Sutter a exprimé cette opinion que « le degré de puissance des couleurs signalé par la décomposition de la lumière blanche indique leurs propriétés naturelles et leur signification emblématique. » Qu'est-ce donc que cette puissance inégale des couleurs primitives, et quel intérêt y a-t-il pour l'artiste à en connaître la signification diversement emblématique ? Le voici. Dans le phénomène de la décomposition de la lumière blanche au moyen du prisme, les rayons sont réfractés, ce qui veut dire qu'en traversant le cristal, qui est un milieu plus dense que l'air, ils se brisent et que leur direction change ; mais ils ne se brisent pas tous selon le même angle : les rayons rouges sont moins fortement brisés que les

Charles Lévêque

rayons orangés, ceux-ci moins que les rayons jaunes, et ainsi de suite jusqu'aux rayons violets, qui subissent la plus forte réfraction. En d'autres termes, la puissance que les rayons solaires opposent à la réfraction est au maximum dans les rayons rouges et au minimum dans les rayons violets. Il n'y a rien certes de téméraire à conclure de là que la couleur rouge est la manifestation la plus énergique du pouvoir de la lumière et la plus puissante des couleurs. Étudiez le ciel par un temps serein, surtout en été et dans les pays méridionaux : quand le soleil se lève, les premières couleurs qui apparaissent avec l'astre lui-même sont le rouge, l'orangé et le jaune, tandis que l'horizon opposé est d'une teinte violette. Inversement, au moment où le soleil va disparaître, le couchant est pourpré et doré, tandis que l'Orient se couvre d'une douce couleur d'améthyste qui va s'étendant de plus en plus dans l'espace céleste, à mesure que le jour baisse davantage. Donc, à parler esthétiquement, le rouge est la couleur qui exprime le plus, et le violet est la couleur qui exprime le moins la présence active de l'astre qui apporte avec lui la chaleur et la vie, et ce n'est ni par fantaisie, ni par métaphore, c'est bien par raison scientifique que l'on a appelé le rouge, l'orangé et le jaune des couleurs chaudes, et au contraire le vert, le bleu, l'indigo et le violet des couleurs froides.

Si l'on passe de la physique à la physiologie, les mêmes distinctions sont légitimes encore à un certain degré. Dans le corps de l'homme, partout où la vie afflue, le sang afflue aussi et apporte avec lui tantôt seulement son incarnat rosé, tantôt sa rougeur pourprée. Chaque âge a ses couleurs que la santé avive et que la maladie altère ou détruit. La mort a aussi les siennes, terreuses, verdâtres, violacées, froides en un mot. Que m'importe le talent du peintre et son tempérament de coloriste, si, méconnaissant ces différences et pour faire montre des nuances dont il dispose, il étale les couleurs à contre-sens, et répand par exemple sur le pâle et austère visage d'un septuagénaire la même teinte rose que sur le corps jeune et frais de Vénus ? Que l'on fasse un pas de plus, qu'on pénètre jusqu'au foyer invisible des passions, des amours, des haines, des colères, on y puisera des raisons purement psychologiques, mais positives et scientifiques encore de choisir les couleurs expressives et les tons justes, à l'encontre des mauvais conseils d'un tempérament capricieux. Il n'est pas jusqu'au vêtement lui-même qui ne puisse et ne doive signifier par ses couleurs quelque chose, soit de l'âme, soit de la condition, soit des habitudes du personnage. Quand on voit, dans la célèbre toile de M. Ingres, l'*Apothéose d'Homère*, l'*Iliade* drapée d'un manteau rouge et l'*Odyssée* serrant autour de son corps les plis d'un vêtement vert de mer, on n'a pas seulement la perception de la couleur, on la lit en quelque sorte et on en comprend le sens. — Ainsi les lois de la physique, de la physiologie, de la psychologie, et d'autres lois encore concourent à guider efficacement le talent naturel du coloriste. La philosophie du beau y contribue aussi pour sa part, puisqu'elle réunit, coordonne et complète ces lois fécondes et salutaires.

Il nous a semblé utile d'insister un peu longuement sur les rapports étroits qui rattachent l'art du peintre à la science. En effet, c'est au sujet de la peinture que s'engagent ordinairement les plus vives discussions esthétiques. A l'égard de la sculpture, ces rapports sont moins contestés, et il nous sera possible d'en parler plus brièvement.

Il est nécessaire au sculpteur de posséder de solides connaissances en dynamique, en anatomie, en géométrie ; la science de la perspective lui est non moins indispensable. Toutefois, pour appliquer à propos ces notions positives, pour n'en point subir aveuglément le joug, pour n'en pas user dans la même mesure que le peintre, il a besoin de découvrir lui-même ou d'apprendre de la bouche d'autrui les principes d'une sage esthétique. Celle-ci lui enseigne que son art a un but particulier, qui est d'exprimer la pleine beauté physique, idéalement conçue et considérée comme le signe parfait de ces deux énergies invisibles que l'on nomme la force vitale et l'âme ou principe psychologique. On va voir que c'est l'application des principes esthétiques qui détermine par exemple les règles imposées au sculpteur à l'égard de la perspective linéaire et aérienne. S'il lui importe en effet de connaître l'une et l'autre, c'est afin de corriger les fâcheux effets de la première au point de vue de la beauté, et de s'interdire sévèrement l'usage de la seconde, qui rentre dans le domaine exclusif de la peinture. Lorsqu'il modèle des figures en ronde bosse destinées à être placées sur un piédestal, de telle sorte que le spectateur en puisse faire le tour et s'en éloigner ou s'en approcher, il n'a pas à se préoccuper beaucoup des conditions de la perspective. Dès que la statue s'élève, dès qu'elle est portée à une certaine hauteur sur' une colonne, sur un attique ou sur la base d'un fronton, l'éloignement établit entre les parties diverses d'un même corps des différences de perspective dont il serait dangereux de ne pas tenir compte. La tête paraît trop petite par rapport aux extrémités inférieures y les plans naturellement rentrants ou dépourvus de saillies reculent et n'ont plus assez de valeur ; les proportions en souffrent et avec elles la beauté. « Alcamènes et Phidias, dit le poète Tretzès, furent chargés un jour de faire deux statues de Minerve qui devaient être placées au-dessus de colonnades très élevées. Alcamènes donna à la déesse des formes délicates et féminines. Phidias au contraire la représenta les lèvres ouvertes, les narines relevées, calculant l'effet pour la hauteur qu'elle devait occuper. Le jour de l'exposition publique, Alcamènes plut, et Phidias faillit être lapidé. Lorsqu'au contraire les deux statues furent en place, l'éloge de Phidias était dans toutes les bouches, Alcamènes au contraire et son ouvrage ne furent plus qu'un sujet de risée. » A part quelques exagérations qu'il est aisé de négliger, ce passage, cité et traduit par M. Beulé,[3] contient une leçon excellente : il montre comment un grand sculpteur étudie la perspective et la modifie dans l'intérêt de la beauté.

Quant à la perspective aérienne, c'est-à-dire à la multiplicité des plans successifs qui semblent s'éloigner graduellement du spectateur, la nature même du procédé technique par lequel on en produit l'effet devrait tenir le sculpteur en garde contre la tentation de l'introduire dans ses ouvrages. Ce procédé, qui repose essentiellement sur la distribution de la lumière croissante ou décroissante, selon les cas, et sur l'emploi de couleurs d'intensité également croissante ou décroissante, appartient en propre à la peinture. Grâce à la perspective aérienne, grâce à l'apparente profondeur qu'elle donne au tableau, le spectateur fait aisément abstraction de la surface plate qu'il a sous les yeux. Quoiqu'il ne soit point dupe d'une illusion d'ailleurs impossible, il accepte la fiction qui lui est proposée ; il croit non pas à la présence réelle de l'air et de l'espace dans la scène qu'il contemple, mais à l'expression vraisemblable des profondeurs de l'espace et de l'air. Cette expression est très incomplètement possible dans le bas-relief, et quand elle y est essayée, elle demeure invraisemblable. Sur une plaque de marbre, de plâtre, de bois ou de bronze, le sculpteur a beau aplatir de plus en plus les objets pour les contraindre à reculer et à fuir le regard, ils ne reculent pas, ils ne fuient pas, parce qu'en dépit des ombres les plus savantes la lumière des derniers plans est trop pareille à celle des premiers. Le clair-obscur qu'il poursuit avec effort se joue de lui et lui échappe. Dans son tableau, car c'en est un, il y a des creux et des saillies, il y a des figures qui se détachent du fond d'autres qui s'y collent et cherchent à y disparaître ; mais il n'y a ni air, ni espace, ni profondeur, ni lointain. A quoi bon, s'il en est ainsi, courir cette aventure ? Répondra-t-on que certains maîtres ont vaincu la difficulté ? Alléguera-t-on l'exemple mémorable de Ghiberti et ses portes admirables du Baptistère de Florence ? Nous convenons sans hésiter que c'est là un prodige de génie, nous goûtons autant que personne la beauté exquise de ces figures pleines d'élégance, de vie,

3 *L'Acropole d'Athènes*, t. II.

de mouvement, de souplesse ; toutefois nous posons hardiment aux artistes et aux amateurs sincères cette question : Dans ces bas-reliefs si célèbres y a-t-il de la profondeur, de l'espace, de l'air, au sens pittoresque de ces termes ? — Non, il n'y en a pas ; Ghiberti lui-même n'a pas résolu le problème, nul jamais ne le résoudra. Devant cette impossibilité esthétique, le génie doit s'incliner. C'est ce qu'a fait Jean Goujon en sculptant les bas-reliefs de la fontaine des Innocents, c'est ce que faisaient les artistes grecs. L'esthétique explique et justifie leur conduite, et leur exemple mérite de faire loi.

Sur tous ces points importants, l'*Esthétique appliquée* de M. D. Sutter pose de bonnes règles habituellement fondées en raison et ramenées à de solides principes. A l'égard de l'architecture, il montre beaucoup de savoir et émet certaines vues qui ne manquent pas de nouveauté, Il est toutefois des opinions très ingénieuses, peut-être même vraies au fond, qui, énoncées sommairement et affirmées sans preuves, excitent la méfiance du lecteur et semblent n'être que des paradoxes ou des écarts de fantaisie théorique. Que, par exemple, les lignes droite, courbe, verticale, horizontale, aient en sculpture et en architecture une signification caractéristique, cela est possible et offre à l'esprit un curieux sujet d'analyse esthétique. On ne demanderait pas mieux que d'en chercher les raisons, on aimerait même, dans un tel livre, à en rencontrer les raisons clairement déduites des principes qui les contiennent ; mais on résiste involontairement à des maximes qui viennent brusquement, sans préparation ni démonstration, comme celles-ci : « La ligne verticale exprime dans son caractère moral la puissance divine ou humaine, les aspirations religieuses, la foi, l'espérance, de même que la grandeur, la noblesse, la majesté du commandement. » — « La ligne horizontale est particulièrement affectée à la matière. » De bonne foi, voilà des choses qui ne sont pas évidentes, loin de là. En multipliant de semblables assertions, on éveille trop de doutes, on court risque de fournir des armes aux adversaires d'une science jeune encore, dont l'utilité pratique est encore discutée, et qui, pour accroître son crédit, a besoin de beaucoup de prudence, de méthode et de discrétion.

Les artistes en général et les artistes contemporains en particulier sont avisés, intelligents et prompts à saisir le côté faible des choses, des hommes et surtout des théories. Cette disposition critique s'est énormément accrue en ce siècle, au contact d'une société raisonneuse, qui soumet à l'épreuve du doute et de l'examen le plus libre toutes les idées et toutes les croyances. A des esprits aussi éveillés, aussi sceptiques, il ne faut enseigner que des vérités dont on tient la

Charles Lévêque

preuve ; mais ces vérités, quand on a pris le temps de s'en convaincre fortement soi-même, on serait coupable de ne pas oser les exprimer et les répéter aussi souvent qu'il sera nécessaire, sauf à les entourer d'une clarté nouvelle et à les mieux prouver chaque fois qu'on les redit. Tôt ou tard elles seront entendues et comprises. L'élite, sinon la masse des artistes, est en état de comprendre ce qu'on a essayé d'établir ici. Il importe qu'elle le sache bien : non, la vocation n'est pas un instinct, et à ses plus beaux jours la science et la théorie ont toujours été appelées à son aide. Si le génie a besoin de ce double secours, comment le talent, qui est un degré inférieur du génie, s'en passerait-il ? Si la science et la théorie ont dû soutenir et guider l'inspiration aux époques où, pleine de force, elle était en outre secondée par de puissantes impulsions religieuses, sociales, politiques, comment pourrait-elle marcher seule ou presque seule en ce temps où, déjà naturellement affaiblie, elle ne rencontre autour d'elle aucun grand courant d'idées et de convictions qui l'entraîne ? L'art en est aujourd'hui à cette période de son mariage avec la science où celle-ci doit intervenir plus activement et prendre une part plus large dans le gouvernement de la communauté. L'art n'est ni mort, ni mourant, ni tombé dans la décrépitude ; mais il est âgé, par conséquent moins inspiré que raisonneur et habile. C'est là, nous l'accordons, une sorte de fatalité, mais une fatalité devant laquelle l'art n'est pas désarmé, puisqu'il a le libre pouvoir de concentrer les énergies qu'il a conservées et de les vivifier par des études savantes dans le recueillement et la méditation. S'il veut user de cette mâle liberté, comme le lui a mille fois conseillé une critique éclairée, un bel avenir lui reste encore ; sinon, ses destinées sont gravement compromises, car ainsi que l'a dit quelque part Voltaire :

Qui n'a pas l'esprit de son âge

De son âge a tout le malheur.

ISBN : 978-1546635468

www.ingramcontent.com/pod-product-compliance
Lightning Source LLC
Chambersburg PA
CBHW061454180526
45170CB00004B/1696